LE JOURNAL TÉLÉVISÉ

DEBORAH FOX

L'élan vert

© Evans Brothers Limited, London, 1998.
Titre original : *In TV News*.
© L'Élan Vert, Paris, 1998,
pour l'édition en langue française.
Traduction de Kristine Hourst.
Dépôt légal : août 1998, Bibliothèque nationale.
I.S.B.N. 2-84455-009-6

Exclusivité au Canada :
© Éditions Hurtubise HMH
1815, avenue De Lorimier
Montréal (Québec)
H2K 3W6 Canada.
Dépôt légal : 3e trimestre 1998,
Bibliothèque nationale du Québec,
Bibliothèque nationale du Canada.
I.S.B.N. 2-89428-314-8.

Imprimé à Hong Kong.

SOMMAIRE

La présentatrice du journal   8

La rédaction   10

Les reporteurs   12

Le studio   14

La régie   16

À l'antenne   18

Le reportage enregistré   20

Une interview en direct   22

Les journalistes spécialisés   24

Se préparer pour le lendemain   26

Index-Glossaire   28

La présentatrice du journal

Je m'appelle Sophie, je présente le journal du soir sur une chaîne télévisée. J'arrive à mon travail tôt le matin pour participer à la première conférence de rédaction de la journée. Dès la veille au soir, une conférence avait établi l'ébauche du journal du lendemain. Mais dans la nuit, de nouveaux événements sont intervenus.

▶ Avant d'aller sur le plateau, je passe par la cabine de maquillage.

▲ *La conférence de rédaction examine les points forts de l'actualité et choisit les sujets des futurs programmes d'information.*

Les conférences de rédaction

Tout au long de la journée, le rédacteur en chef tient plusieurs conférences de rédaction qui regroupent le responsable d'édition, la présentatrice, les chefs de service et les journalistes. Les sujets à traiter et les invités sont choisis. Les reporters sont envoyés sur le terrain.

Diplômée d'Université, j'ai complété ma formation sur une chaîne de télévision. J'ai d'abord travaillé trois ans comme reporter aux informations régionales, puis comme présentatrice.

De nombreux présentateurs ont reçu une formation de journaliste.

La rédaction

▼ *Des images du monde entier arrivent à la rédaction par satellite. Les sujets des stations régionales défilent aussi sur les écrans de contrôle. Puis parviennent ceux des reporters et des envoyés spéciaux.*

Les nouvelles qui proviennent du monde entier sont rassemblées par les journalistes de la rédaction. Ce service recueille les sujets d'actualité provenant de sources diverses, par exemple des agences de presse qui transmettent des dépêches à toute la presse écrite, parlée ou télévisée. Des journalistes regardent aussi les autres chaînes, lisent les journaux et écoutent diverses radios. Des centaines de sujets parviennent du monde entier. Le rôle des chefs de service consiste à choisir parmi les informations nationales et internationales celles qui feront l'objet des futures éditions.

Le responsable d'édition

Le responsable d'édition assure la liaison entre l'équipe de rédaction et l'équipe de production qui va fabriquer et diffuser l'édition du journal. Il décide de l'ordre de présentation des sujets et choisit, avec les rédacteurs, les images pour illustrer leurs commentaires.

▼ Le responsable d'édition doit avoir des idées précises sur les sujets à traiter en détail. Dans sa tâche, il est aidé par les chefs de service.

Pour occuper ce poste, il faut avoir une disponibilité totale, un esprit de décision et le sens de l'organisation. Je choisis le contenu d'une édition, mais c'est l'équipe de production qui la met en forme.

Jérôme, responsable d'édition

J'aime ce travail si imprévisible et si immédiat. On ne sait jamais ce qui peut arriver.

Éric, chef du service Politique

Les reporteurs

Je trouve passionnant le travail de reporteur. On ne sait jamais, d'un jour à l'autre, où va nous envoyer l'actualité. J'ai aussi la chance de beaucoup voyager.

Valérie, envoyée spéciale

▼Anne est journaliste-rédactrice. Elle est filmée pour un reportage sur le lancement d'une nouvelle voiture.

Les chefs de service décident des sujets qui vont être couverts par les équipes de reportage. Les reporteurs peuvent être envoyés partout dans le monde ou suivre un événement local. Ils doivent rapporter des images, interroger des témoins et vérifier les faits. Ils s'assurent aussi que leur reportage intéressera les téléspectateurs.

▲ Anne et son équipe de reportage réalisent l'interview de l'éditeur d'un magazine automobile.

▼ Le journaliste rédige les commentaires de son reportage.

L'équipe de reporteurs

L'équipe de reportage se compose du journaliste-rédacteur qui rédige le commentaire, du cadreur pour l'image et du preneur de son pour les voix. Aujourd'hui, avec les nouveaux caméscopes, il suffit d'une seule personne pour réaliser un reportage : le journaliste-reporteur d'images enregistre sons et images, puis écrit les commentaires et les lit au micro.

> J'aime le journalisme de télévision ; on y donne toute sa sensibilité. Je couvre les problèmes de société. J'ai toujours un reportage à proposer au chef du service Société.
>
> Anne, journaliste Société

Le studio

Trois heures avant le journal, le conducteur définitif est fixé au cours d'une conférence de rédaction. Le conducteur est le menu du journal : il donne l'ordre de passage des sujets et le temps qui leur est imparti.

Aujourd'hui, je dois faire une interview en direct ; je prépare mes questions pour être certaine de bien cerner les dernières informations sur le sujet.

Avant d'entrer dans le studio, j'accroche mon micro-cravate. En face de moi, le téléprompteur fait défiler le texte des principales informations.

▲ *Sur le plateau, la maquilleuse procède aux dernières touches juste avant le passage à l'antenne.*

▶ *Je dispose de quelques minutes pour revoir les grands titres et pour vérifier que tout est en place.*

Le chef de plateau

Le chef de plateau s'active pour vérifier que tout est en place : caméras, éclairages, perches pour le son. Il m'indique le temps qu'il reste avant de passer à l'antenne ainsi que les dernières dépêches.

Je m'assure que le présentateur regarde la bonne caméra au bon moment et qu'il a les textes des dernières dépêches.

Bruno, chef de plateau

Ensemble, avec le réalisateur, nous choisissons la caméra que je devrais fixer pendant le journal.

▲ *Avant le passage à l'antenne, le chef de plateau vérifie qu'il ne me manque rien.*

La régie

Le réalisateur surveille le plateau à partir de la régie. Les écrans de la baie de contrôle affichent toutes les sources d'images dont le réalisateur dispose pour son programme : caméras du plateau, reportages enregistrés, interviews en direct. À tout moment pendant le journal, le réalisateur peut choisir, entre ces différentes sources, les images qu'il veut passer à l'antenne.

L'équipe de la régie

Aux côtés du réalisateur, le technicien aiguilleur assure le mixage des images provenant de toutes les sources. À la régie image, l'ingénieur de la vision règle le mouvement des caméras et la qualité des images filmées. Dans la régie son, l'ingénieur du son mixte sons et musiques.

▲ La scripte minute chaque sujet. Chargée du suivi du conducteur, elle permet le bon enchaînement des séquences du journal.

L'interphone

Le réalisateur doit pouvoir contacter tous les membres de l'équipe en même temps. Il utilise un interphone qui le met en relation avec le présentateur, le chef de plateau, les caméras et les techniciens du son et de l'image. Le réalisateur est la voix qui coordonne le travail et veille sur le déroulement du journal.

Mon travail consiste à assurer le bon déroulement des séquences du programme. Je collabore étroitement avec le responsable d'édition. Un bon réalisateur doit pouvoir intervenir sur le champ en cas de problème. Si un reportage n'arrive pas à temps, il doit avoir un sujet de rechange et proposer des modifications.

Gilles, réalisateur

▲ Le réalisateur assure la liaison de toute l'équipe du journal à l'aide d'un interphone.

À l'antenne

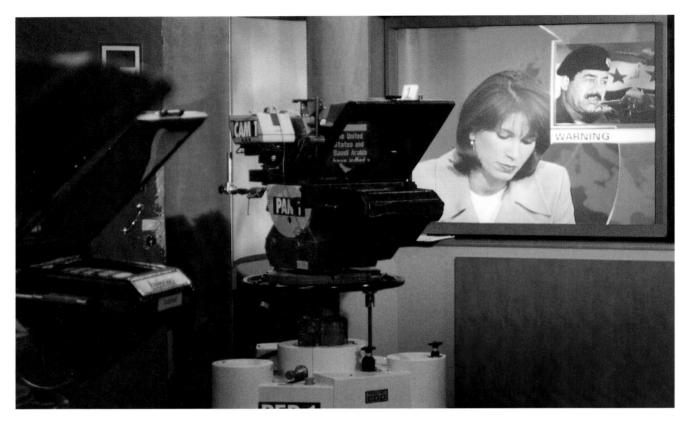

▲ *Les textes que j'ai rédigés défilent sur le téléprompteur. J'ai aussi des notes en cas de problème.*

Il est important de garder son calme quand on travaille au journal télévisé. Il faut réagir vite, en cas d'incident, en expliquant clairement les difficultés. Un reportage peut être mal enregistré, le téléprompteur tomber en panne, mais par chance cela est rare.

10 secondes avant l'antenne… 3,2,1. Top générique ! « Bonjour, je vous propose d'ouvrir ce journal avec… » Je lis mon texte sur l'écran du téléprompteur, placé sous l'objectif de la caméra. Le téléprompteur me permet de regarder droit dans l'objectif.

Je commence par les grands titres qui introduisent les principales informations de la journée. Ils ont été rédigés par le responsable d'édition et donnent une vue d'ensemble des actualités et des reportages qui seront développés dans le journal.

Une pause

Après les grands titres, j'interviens sur le principal sujet. Le réalisateur me fait ensuite savoir dans mon écouteur d'oreille qu'il va lancer un reportage enregistré. J'ai alors une pause d'une minute et demie. À la fin du reportage, l'assistant à la réalisation m'annonce qu'il ne reste plus que dix secondes avant de reprendre l'antenne pour un autre sujet.

Le téléprompteur

Le téléprompteur est un écran placé devant la caméra. Le texte, rédigé par le présentateur, y apparaît en gros. Le téléspectateur a l'impression que le présentateur, fixant l'objectif de la caméra, le regarde dans les yeux ; mais en réalité, il lit le texte qui défile sur le téléprompteur.

▼ Le cadreur commande à distance les caméras du studio, à partir de la régie image. Le réalisateur lui dit quelle caméra choisir. Il s'assure alors de son bon positionnement.

Le reportage enregistré

Le réalisateur m'annonce qu'un autre reportage va passer pendant deux minutes à l'antenne. Nos reporters, qui couvrent l'actualité, effectuent des reportages enregistrés. Ils filment et procèdent à des interviews, puis montent la version définitive qui sera diffusée à l'antenne. Ils sélectionnent les images pour une durée déterminée.

La salle de montage

▼ *Le monteur choisit et assemble les meilleures images qui seront commentées par le journaliste-rédacteur.*

Dans la salle de montage, le journaliste-reporter et le monteur doivent couper les séquences qui leur paraissent secondaires, ne tenant compte que des images dont ils ont besoin pour illustrer leurs commentaires.

Ainsi, ils ne conserveront que 45 secondes d'un reportage qui durait 40 minutes. Reporteur et monteur doivent savoir choisir les images qui apportent la meilleure information en 45 secondes.

▲ *Ce reporteur enregistre son travail sur le lancement de la voiture, filmé plus tôt dans la journée.*

L'enregistrement du commentaire

Les reporteurs enregistrent leurs commentaires dans la salle de montage. Les textes doivent coïncider avec les images. Lorsque des envoyés spéciaux partent à l'étranger, ils voyagent avec un monteur et expédient leurs reportages finalisés par satellite.

L'équipe de montage

Le monteur travaille avec le service des archives qui fournit des images pour compléter les reportages. Le truquiste réalise des effets spéciaux et l'illustrateur sonore choisit les sons et les musiques.

Mon travail de monteur consiste à rechercher les meilleures images pour illustrer un sujet. Il faut avoir l'œil !

Yves, monteur

Une interview en direct

DIRECT

▲ *Nous avons une interview en direct. Voici l'écran tel que le voit le téléspectateur.*

Après le reportage, je passe à l'interview d'un homme politique en direct. Il y a une heure, j'ai préparé moi-même les questions que j'allais lui poser. Il est important qu'elles ne soient pas trop compliquées et de placer celles qu'attendent les téléspectateurs. J'ai deux minutes d'antenne.

« Bonjour monsieur le Ministre ! Nous nous retrouvons en direct pour… »

Le service des archives

Si un journaliste ou un reporteur désire une photo précise pour illustrer un sujet, il s'adresse au service des archives qui possède une banque d'images.

◀ *L'archiviste et la truquiste préparent sur ordinateur l'illustration d'un reportage.*

Le truquiste

Lorsque le responsable d'édition souhaite surimprimer sur l'image un commentaire ou le nom d'une personnalité, il fait appel au truquiste. Ce dernier compose alors les textes à partir de la console de son synthétiseur d'écriture.

Le truquiste retouche aussi les images, sur le synthétiseur d'image, et crée les effets spéciaux. Avec un stylet et une palette graphique, il enrichit d'illustrations, de dessins et de diagrammes les images du réel. Il se contente parfois de modifier la couleur d'une photo, mais réalise aussi les animations de la météo.

> Il faut être créatif et travailler vite. Responsable d'édition et reporters sélectionnent des images et je dois décider comment les présenter à l'écran.
>
> Coralie, truquiste

▼ *Un journaliste prépare une séquence sur la remise des Oscars ; le truquiste doit lui fournir des images pour illustrer son reportage.*

Les journalistes spécialisés

J'arrive tôt le matin pour prendre connaissance des marchés financiers mondiaux. Avant la fin de la matinée, la plupart des informations sont arrivées. Il faut réagir au moindre mouvement ; si une dépêche de dernière minute tombe, je dois improviser et réagir en direct.

Marc, chef de service

Le téléprompteur indique que je dois maintenant introduire le journaliste économique qui ne dispose que de quatre minutes pour donner ses dernières informations. Il présente le nouvel indice des prix et les prévisions pour les six prochains mois.

▼ *Le journaliste économique relit ses notes avant de passer à l'antenne.*

▲ Le journaliste des sports vérifie qu'il peut entendre le réalisateur dans son écouteur d'oreille.

« Vous retrouvez maintenant Sophie », annonce le journaliste économique. Je regarde alors la caméra n°3 pour passer à l'écran. Je donne les dernières informations et lance une séquence enregistrée. Pendant la diffusion du reportage, le journaliste des sports entre dans le studio et prépare la présentation de ses sujets.

Les services de la rédaction

La rédaction est divisée en grands secteurs : Politique, Économie, Art et spectacles, Sports… Ils sont dirigés par des chefs de services qui animent des équipes de journalistes spécialisés.

Se préparer pour le lendemain

▼ *La rédaction est toujours en activité. Les journalistes travaillent sur des dépêches venant de monde entier.*

« Fin de ce journal, merci de nous avoir suivis et bonne soirée. » Par ces mots, je termine la présentation de mon journal. Je retrouve le rédacteur en chef et toute l'équipe pour une dernière conférence de rédaction. Nous faisons le bilan et préparons le programme du lendemain. Dès ce soir, des journalistes et des techniciens se mettent au travail.

▶ À la fin du programme, le responsable d'édition passe sur le présentateur de la météo qui donne les prévisions du temps pour le lendemain.

Quand je retourne chez moi, je prépare le journal du lendemain. Je veux toujours rester à la pointe de l'actualité.

▼ Pendant les pauses de la journée, je lis des revues d'actualités !

Index-Glossaire

agence de presse : organisme qui fournit aux journaux et aux télévisions des articles, des photos et des reportages. 10.

aiguilleur : opérateur qui assure le mixage des images dans la régie ; on dit aussi mélangeur d'images. 16.

archiviste, 22.

baie de contrôle : ensemble des écrans et des appareils électroniques pour le contrôle de l'enregistrement d'une émission. 16.

banque d'images, 22.

cadreur : technicien chargé du maniement des caméras et des prises de vues ; on dit aussi cameraman. 13, 19.

caméscope : à la fois caméra, magnétophone et magnétoscope, il enregistre l'image et le son. 13.

chef de plateau : personne qui prépare l'espace d'un studio où s'effectuent les prises de vues. 15, 17.

chef de service : dans un journal télévisé, responsable d'une équipe de journalistes spécialisés : politique, économie, sports... 9, 10, 12, 24.

conducteur : menu du journal qui donne les différents sujets traités, leur ordre, le temps consacré à chacun, leurs dispositifs de présentation. 14, 17.

conférence de rédaction : réunion de toute la rédaction pour préparer le journal. 8, 9, 26.

dépêche : information brève. 10, 15.

direct, 22.

écouteur d'oreille : écouteur miniaturisé que l'on place derrière l'oreille et qui est invisible du téléspectateur. 19, 24.

effets spéciaux : procédés électroniques destinés à créer une illustration sonore ou visuelle. 21, 23.

envoyé spécial : journaliste que l'on envoie spécialement sur le lieu d'un événement. 10, 21.

grands titres : titres annonçant les événements importants. 14, 18.

ingénieur de la vision : responsable des prises d'images. 16.

ingénieur du son : responsable de la prise du son, puis du mixage du son et des musiques dans la régie. 16.

interphone, 17.

interview, 16, 20, 22.

journaliste-rédacteur : voir rédacteur.

journaliste-reporter d'images : journaliste reporter qui enregistre sons et images à l'aide d'un caméscope sur l'épaule. 13.

maquilleuse, 14.
menu du journal, 14.
météo, 27.
micro-cravate : microphone miniaturisé que l'on accroche aux vêtements. 15.
monteur : opérateur qui choisit et assemble les images d'un reportage. 20, 21.

palette graphique, 23.
perche : long support mobile au bout duquel est placé un micro qui se déplace au-dessus des personnes, sur le plateau en dehors du champ de la caméra. 15.
plateau : espace d'un studio où s'effectuent les prises de vues. 15, 16.
preneur de son : opérateur de prise de son. 13.
présentateur, -trice : journaliste qui présente le journal télévisé. 8, 9, 17, 19.

réalisateur : personne qui dirige l'enregistrement d'une émission de télévision. 15, 16, 17, 19, 20.
rédacteur : journaliste qui rédige un article ou un sujet. 11, 12, 13, 20.
rédacteur en chef : journaliste responsable de la rédaction d'un journal. 9.
rédaction, 10.
régie : salle d'où le réalisateur et son équipe dirigent l'enregistrement d'une émission. 16.

reportage : article ou film d'un journaliste sur les lieux d'un événement. 12, 13, 16, 20.
reporteur : journaliste qui fait des reportages ; on dit aussi reporter. 9, 10, 12, 13, 20, 21.
responsable d'édition : assure la liaison entre l'équipe de rédaction et l'équipe de production du journal. 9, 10, 17, 27.

salle de montage, 20, 21.
salle de rédaction, 26.